ALCESTE,
OU
LE TRIOMPHE D'ALCIDE,
TRAGÉDIE

REMISE AU THEATRE

PAR L'ACADÉMIE ROYALE

DE MUSIQUE,

Le Jeudi 16. jour du mois de Janvier 1716.

Le prix est de trente sols.

A PARIS,
Chez PIERRE RIBOU, seul Libraire de l'Académie Royale de Musique ; Quai des Augustins, à la Descente du Pont-Neuf, à l'Image S. Loüis.

M. DCC. XVI.
Avec Approbation & Privilege du Roi.

ACTEURS DANSANS DE LA TRAGEDIE.

PREMIER ACTE.

FESTES MARINES.

MATELOTS, MATELOTTES.

Mademoiſelle Prevoſt.

Monſieur Pecourt, Mademoiſelle la Ferriere.

Monſieur F-Dumoulin.

Meſſieurs D-Dumoulin, Dangeville, Guyot, Malterre, Javilliers, Pierret, Rameau, Duval.

Meſdemoiſelles Mangot, Duval, Brunel, Chaſteauvieux.

SECOND ACTE.

COMBATANS.

CHEF DES COMBATANS D'ALCIDE.

Monſieur Ferrand.

Meſſieurs Germain, Marcel, Dangeville, P-Dumoulin, Sacq, Duval, Rameau.

CHEF DES COMBATANS DU ROI DE SCYROS.

Monſieur Blondy.

Meſſieurs F-Dumoulin, Pecour, Javilliers, Pierret, Malterrer, Guyot.

TROISIE'ME ACTE.

HOMMES DESOLEZ.

Messieurs, Javilliers, Pierret, Rameau, Sacq.

FEMMES DESOLE'ES.

Mesdemoiselles Lemaire, Isecq, Rameau, Leroy.

QUATRIE'ME ACTE.

FESTES INFERNALES.

Monsieur Blondy.
Messieurs Germain, Dumoulin-L. Marcel, Javilliers, P.-Dumoulin, Dangeville, Pecour, Malterre.

CINQUIE'ME ACTE.

BERGERS.

Monsieur D-Dumoulin.
Monsieur Marcel, Mademoiselle, Menés.
Messieurs Dumoulin-L. Dangeville, Pecour.
Mesdemoiselles Isecq, la Ferriere, Haran.

PASTRES ET PASTOURELLES.

Monsieur F-Dumoulin.
Monsieur Malterre, Mesdemoiselles Brunel Châteauvieux.

ACTEURS

CHANTANS DU PROLOGUE.

LA NYMPHE DE LA SEINE, Mlle Antier.
LA GLOIRE, Mlle Millon.
Suite de la Gloire.
LA NYMPHE DES THUILLERIES, Mlle Minier.
Troupe de Naïades & d'Hamadriades.
LA NYMPE DE LA MARNE, Mlle Limbourg.
Troupe de Divinitez de Fleuves.
Les Plaisirs.

Noms des Acteurs & des Actrices chantans dans tous les Chœurs du Prologue & de la Tragédie.

PREMIER RANG.	SECOND RANG.
Mesdemoiselles	*Mesdemoiselles.*
Millon.	Bourgoüin.
Pasquier.	Mesnier.
Du Laurier.	Kercoffen.
Guillet.	Constance.
La Roche.	Boisseau.
Tettelette.	Veron.
Messieurs	*Messieurs*
Paris.	Le Jeune.
Thomas.	Deshais.
Aubau.	Corail.
Dautrest.	Alexandre.
Corbie.	Morand.
Lemire-L.	Lebel.
Daniel.	Duplessis.
Verni.	Poste.
Le Comte.	Du Boulet.
Lambert.	Faussié.

ACTEURS DANSANS

DU PROLOGUE.

NYMPHES DES BORDS DE LA SEINE.

Mademoiselle Guyot.

Mesdemoiselles Isecq, la Ferriere, Haran, Lemaire, Chasteauvieux, Brunel.

DIEUX DES BOIS.

Messieurs Javilliers, Pierret, Guyot, Duval.

DRIADES.

Mesdemoiselles Rameau, Duval, Leroy, Deschaliers.

LE RETOUR DES PLAISIRS.

PROLOGUE.

Le Theatre represente un Jardin, un Palais dans le fond; La Nymphe de la Seine paroît apuyée sur une Urne au milieu d'une Allée dont les Arbres sont separez par les Fontaines.

LA NYMPHE DE LA SEINE.

LE Heros que j'attens ne reviendra-t'il pas?
Serai-je toujours languissante
Dans une si cruelle attente?
Le Heros que j'attens ne reviendra-t'il pas?
On n'entend plus d'Oyseau qui chante,
On ne voit plus de Fleurs qui naissent sous nos pas.

Le Heros que j'attens ne reviendra-t'il pas!
L'herbe naissante
Paroît mourante,
Tout languit avec moi dans ces lieux pleins d'appas.
Le Heros que j'attens ne reviendra-t'il pas?
Serai-je toujours languissante
Dans une si cruelle attente?
Le Heros que j'attens ne reviendra-t'il pas?

Quel bruit de guerre m'épouvante?
Quelle Divinité va descendre ici bas?

La Gloire paroît au milieu d'un Palais brillant, qui descend au bruit d'une harmonie guerriere.

LA NYMPHE DE LA SEINE.

Helas! superbe Gloire, helas!
Ne dois-tu point être contente?
Le Heros que j'attens ne reviendra-t'il pas?
Il ne te suit que trop dans l'horreur des Combats;
Laisse en paix un moment sa Valeur triomphante.
Le Heros que j'attens ne reviendra-t'il pas?
Serai-je toujours languissante
Dans une si cruelle attente?
Le Heros que j'attens ne reviendra-t'il pas?

LA GLOIRE.

Pourquoi tant murmurer? Nymphe, ta plainte est vaine.
Tu ne peux voir sans moi le Heros que tu sers;

Si son éloignement te coûte tant de peine,
Il recompense assez les douceurs que tu pers;
Voi ce qu'il fait pour toi quand la Gloire l'emmeine;
Voi comme sa Valeur a soûmis à la Seine
Le Fleuve le plus fier qui soit dans l'Univers.

LA NYMPHE DE LA SEINE.

On ne voit plus ici paroître
Que des Ornemens imparfaits;
Ah! rens-nous notre Auguste Maître,
Tu nous rendras tous nos attraits.

LA GLOIRE.

Il revient, & tu dois m'en croire;
Je lui sers de guide avec soin:
Puisque tu vois la Gloire
Ton Heros n'est pas loin.
Il laisse respirer tout le Monde qui tremble;
Soyons ici d'accord pour combler ses desirs.

LA GLOIRE ET LA NYMPHE DE LA SEINE.

Qu'il est doux d'accorder ensemble
La Gloire & les Plaisirs.

LA NYMPHE DE LA SEINE.

Nayades, Dieux des Bois, Nymphes, que tout s'assemble,
Qu'on entende nos chants aprés tant de soûpirs.

La Nymphe des Thuilleries s'avance avec une Troupe de Nymphes qui danſent, les Arbres s'ouvrent, & font voir les Divinitez Champêtres qui joüent de differents Inſtruments, & les Fontaines ſe changent en Nayades qui chantent.

LE CHOEUR.

Qu'il eſt doux d'accorder enſemble
La Gloire & les Plaiſirs.

LA NYMPHE DES THUILLERIES.

L'Art d'accord avec la Nature
Sert l'Amour dans ces lieux charmants:
Ces Eaux qui font rêver par un ſi doux murmure,
Ces Tapis où les Fleurs forment tant d'ornement,
Ces Gazons, ces Lits de Verdure,
Tout n'eſt fait que pour les Amants.

La Nymphe de la Marne Compagne de la Seine, vient chanter au milieu d'une troupe de Divinitez de Fleuves qui témoignent leur joye par leur danſe.

LA NYMPHE DE LA MARNE.

L'Onde ſe preſſe
D'aller ſans ceſſe
Juſqu'au bout de ſon cours:
S'il faut qu'un Cœur ſuive une pante,
En eſt-il qui ſoit plus charmante
Que le doux penchant des Amours?

LA GLOIRE ET LA NYMPHE DE LA SEINE.

Que tout retentiſſe,
Que tout réponde à nos voix:

LA NYMPHE DES THUILLERIES.

Que tout fleurisse
Dans nos Jardins & dans nos Bois.

LA NYMPHE DE LA MARNE.

Que le chant des Oyseaux s'unisse
Avec le doux son des Hautbois.

TOUS ENSEMBLE.

Que tout retentisse,
Que tout réponde à nos voix.
Que le chant des Oyseaux s'unisse
Avec le doux son des Hautbois.
Que tout retentisse
Que tout réponde à nos voix.

Les Divinitez de Fleuves & les Nymphes forment une danse generale tandis que tous les Instruments & toutes les Voix s'unissent.

TOUS ENSEMBLE.

Quel cœur sauvage
Ici ne s'engage?
Quel cœur sauvage
Ne sent point l'amour?
Nous allons voir les Plaisirs de retour;
Ne manquons pas d'en faire un doux usage:
Pour rire un peu, l'on n'est pas moins sage.

Ah quel dommage
De fuir ce rivage!
Ah quel dommage
De perdre un beau jour!
Nous allons voir les Plaiſirs de retour;
Ne manquons pas d'en faire un doux uſage:
Pour rire un peu, l'on n'eſt pas moins ſage.
Revenez Plaiſirs exilez;
Volez de toutes parts, volez.

Les Plaiſirs volent, & viennent preparer des Divertiſſements.

Fin du Prologue.

ACTEURS
CHANTANS DE LA TRAGEDIE.

C*Hœur des Thessaliens.*	
ALCIDE *ou* HERCULE.	Mr. Hardoüin.
LYCHAS, *Confident d'Alcide,*	Mr. Buzeau.
STRATON, *Confident de Licomede.*	Mr. Dun.
CEPHISE, *Confidente d'Alceste.*	Mlle Poussin.
DEUX TRITONS.	Mrs. Guedon & Lebel.
LICOMEDE, *Frere de Thetis, & Roi de l'Isle de Scyros.*	Mr. le Mire.
PHERES, *Pere d'Admete.*	Mr. Mantienne.
ADMETE, *Roi de Thessalie.*	Mr. Cochereau.
CLEANTE, *Ecuyer d'Admete.*	Mr. Daniel.
ALCESTE, *Princesse d'Yolcos.*	Mlle Journet.
Pages, & Suivants.	
Troupe de Divinitez de la Mer.	
Troupe de Matelots.	
THETIS, *Nereïde.*	Mlle Antier.
Quatre Aquilons.	
EOLE, *Roi des Vents.*	Mr. Faussié.
Quatre Zephirs.	
Troupe de Soldats de Licomede.	
Troupe de Soldats Thessaliens.	
APOLLON.	Mr. Murayre.
LES ARTS.	
LA PLAINTE,	Mlle Antier.

UNE FEMME AFFLIGÉE.	Mlle Pasquier.
Troupe de Femmes affligées.	
Troupe d'Hommes desolez.	
DIANE.	Mlle la Roche.
MERCURE.	
CARON.	Mr. Dun.
LES OMBRES.	
PLUTON.	Mr. le Mire.
PROSERPINE.	Mlle Millon.
L'OMBRE D'ALCESTE.	Mlle Constance.
Suivans de Pluton, Chantans, Dansans & Volans.	
ALECTON, *l'une des Furies.*	Mr. Lebel.
Chœur des Peuples de la Grece.	
Les neuf Muses.	
Les Jeux.	
Troupe de Bergers & de Bergeres.	
Troupe de Pastres.	

ALCESTE,

TRAGEDIE.

ACTE PREMIER.

La Scene est dans la Ville d'Yolcos en Thessalie.

Le Theatre represente un Port de Mer, où l'on voit un grand Vaisseau orné & preparé pour une Fête galante au milieu de plusieurs Vaisseaux de Guerre.

SCENE PREMIERE.

LE CHOEUR DES THESSALIENS, ALCIDE, LYCHAS.

LE CHOEUR.

Vivez, vivez, heureux Epoux.

LYCHAS.

Votre Ami le plus cher épouse la Princesse
La plus charmante de la Grece;
Lorsque chacun les suit, Seigneur, les fuyez-vous?

LE CHOEUR.

Vivez, vivez, heureux Epoux.

LYCHAS.

Vous paroissez troublé des cris qui retentissent?
Quand deux Amants heureux s'unissent
Le chœur du grand Alcide en seroit-il jaloux?

LE CHOEUR.

Vivez, vivez, heureux Epoux.

LYCHAS.

Seigneur, vous soûpirez, & gardez le silence?

ALCIDE.

Ah! Lycas, laisse-moi partir en diligence.

LYCHAS.

Quoi dès ce même jour presser votre départ?

ALCIDE.

J'aurai beau me presser je partirai trop tard.
Ce n'est point avec toi que je prétens me taire;
Alceste est trop aimable, elle a trop sçu me plaire;
Un autre en est aimé, rien ne flate mes vœux,
C'en est fait, Admete l'épouse,
Et c'est dans ce moment qu'on les unit tous deux.
Ah qu'une ame jalouse
Eprouve un tourment rigoureux!
J'ai peine à l'exprimer moi-même:
Figure-toi, si tu le peux,
Quelle est l'horreur extrême
De voir ce que l'on aime
Au pouvoir d'un Rival heureux.

LYCHAS.

L'Amour est-il plus fort qu'un Heros indomptable ?
L'Univers n'a point eu de Monstre redoutable
Que vous n'ayez pû surmonter.

ALCIDE.

Eh crois-tu que l'Amour soit moins à redouter ?
Le plus grand cœur a sa foiblesse.
Je ne puis me sauver de l'ardeur qui me presse,
Qu'en quittant ce fatal séjour :
Contre d'aimables charmes
La valeur est sans armes,
Et ce n'est qu'en fuyant qu'on peut vaincre l'Amour.

LYCHAS.

Vous devez vous forcer, au moins, à voir la Fête
Qui déja dans ce Port vous paroît toute prête.
Votre fuite à present feroit un trop grand bruit ;
Differez jusques à la nuit.

ALCIDE.

Ah Lycas ! quelle nuit ! ah quelle nuit funeste !

LYCHAS.

Tout le reste du jour voyez encore Alceste.

ALCIDE.

La voir encore ?... he bien differons mon départ,
Je te l'avois bien dit, je partirai trop tard.
Je vais la voir aimer un Epoux qui l'adore,
Je verrai dans leurs yeux un tendre empressement :

Que je vais payer cherement
Le plaisir de la voir encore !

SCENE II.

ALCIDE, STRATON, & LYCHAS, ensemble.

L'Amour a bien des maux, mais le plus grand de tous,
C'est le tourment d'être jaloux.

SCENE III.

STRATON, LYCHAS.

STRATON.

Lychas, j'ai deux mots à te dire.

LYCHAS.

Que veux-tu ? parle ; je t'entens.

STRATON.

Nous sommes amis de tout tems ;
Céphise, tu le sçais, me tient sous son empire,
Tu suis par tout ses pas : qu'est-ce que tu prétens ?

LYCHAS.

Je prétens rire.

STRATON.

Pourquoi veux-tu troubler deux cœurs qui sont contents ?

LYCHAS.

Je prétens rire.
Tu peux à ton gré t'enflâmer ;
Chacun a sa façon d'aimer ;
Qui voudra soûpirer, soûpire,
Je prétens rire.

STRATON.

J'aime, & je suis aimé : laisse en paix nos amours.

LYCHAS.

Rien ne doit t'allarmer s'il est bien vrai qu'on t'aime;
Un Rival rebuté donne un plaisir extrême.

STRATON.

Un Rival tel qu'il soit importune toujours.

LYCHAS.

Je voi ton amour sans colere,
Tu devrois en user ainsi :
Puisque Céphise t'a sçû plaire,
Pourquoi ne veux-tu pas qu'elle me plaise aussi ?

STRATON.

A quoi sert-il d'aimer ce qu'il faut que l'on quitte ?

Tu ne peux demeurer long-tems dans cette Cour.

LYCHAS.

Moins on a de momens à donner à l'Amour
Et plus il faut qu'on en profite.

STRATON.

J'aime depuis deux ans avec fidelité :
Je puis croire sans vanité,
Que tu ne dois pas être un Rival qui m'allarme.

LYCHAS.

J'ai pour moi la nouveauté,
En amour c'est un grand charme.

STRATON.

Céphise m'a promis un cœur tendre, & constant.

LYCHAS.

Céphise m'en promet autant.

STRATON.

Ah si je le croyois !... Mais tu n'es pas croyable.

LYCHAS.

Croi-moi, fais ton profit d'un reste d'amitié,
Sers-toi d'un avis charitable
Que je te donne par pitié.

STRATON.

Le mépris d'une volage
Doit être un assez grand mal,
Et c'est un nouvel outrage

Que la pitié d'un Rival.
Elle vient l'Infidelle,
Pour chanter dans les Jeux dont je prens soins ici.

LYCHAS.

Je te laisse avec elle,
Il ne tiendra qu'à toi d'être mieux éclairci.

SCENE IV.

CEPHISE, STRATON.

CEPHISE.

DAns ce beau jour, quelle humeur sombre
Fais-tu voir à contre-tems ?

STRATON.

C'est que je ne suis pas du nombre
Des Amants qui sont contents.

CEPHISE.

Un ton grondeur & severe
N'est pas un grand agrément ;
Le chagrin n'avance guere
Les affaires d'un Amant.

STRATON.

Lychas vient de me faire entendre

Que je n'ai plus ton cœur, qu'il doit ſeul y pretendre,
Et que tu ne vois plus mon amour qu'à regret ?

CEPHISE.

Lychas eſt peu diſcret...

STRATON.

Ah! je m'en doutois bien qu'il vouloit me ſurprendre.

CEPHISE.

Lychas eſt peu diſcret
D'avoir dit mon ſecret.

STRATON.

Comment! il eſt donc vrai! tu n'en fais point d'excuſe?
Tu me trahis ainſi ſans en être confuſe ?

CEPHISE.

Tu te plains ſans raiſon ;
Eſt-ce une trahiſon
Quand on te deſabuſe ?

STRATON.

Que je ſuis étonné de voir ton changement !

CEPHISE.

Si je change d'Amant
Qu'y trouves-tu d'étrange ?
Eſt-ce un ſujet d'étonnement
De voir une Fille qui change ?

STRATON

STRATON.

Aprés deux ans passez dans un si doux lien,
Devois-tu jamais prendre une chaîne nouvelle?

CEPHISE.

Ne contes-tu pour rien
D'être deux ans fidelle?

STRATON.

Par un espoir doux & trompeur
Pourquoi m'engageois-tu dans un amour si tendre?
Falloit-il me donner ton cœur
Puisque tu voulois le reprendre?

CEPHISE.

Quand je t'offrois mon cœur, c'étoit de bonne foi,
Que n'empêche-tu qu'on te l'ôte?
Est-ce ma faute
Si Lychas me plaît plus que toi?

STRATON.

Ingrate, est-ce le prix de ma perseverance?

CEPHISE.

Essaye un peu de l'inconstance:
C'est toi qui le premier m'apris à m'engager,
Pour recompense
Je te veux aprendre à changer.

STRATON & CEPHISE.

Il faut { aimer / changer } toujours.
Les plus douces amours
Sont les amours { fidelles, / nouvelles,
Il faut { aimer / changer } toujours.

SCENE V.

LICOMEDE, STRATON, CEPHISE.

LICOMEDE.

STraton, donne ordre qu'on s'aprête
Pour commencer la Fête.

Straton se retire, & Licomede parle à Céphise.

Enfin, grace au dépit, je goûte la douceur
De sentir le repos de retour dans mon cœur.
J'étois à preferer au Roi de Thessalie;
Et si pour sa gloire on publie
Qu'Appollon autrefois lui servit de Pasteur,
Je suis Roi de Scyros, & Thétis est ma Sœur.
J'ai sçû me consoler d'un hymen qui m'outrage,
J'en ordonne les Jeux avec tranquillité.

Qu'aisément le dépit dégage
Des fers d'une ingrate Beauté !
Et qu'aprés un long esclavage,
Il est doux d'être en liberté !

CEPHISE.

Il n'est pas sûr toujours de croire l'apparence :
Un cœur bien pris, & bien touché,
N'est pas aisément détaché,
Ni sitôt gueri que l'on pense ;
Et l'amour est souvent caché
Sous une feinte indifference.

LICOMEDE.

Quand on est sans esperance,
On est bientôt sans amour.
Mon Rival a la preference,
Ce que j'aime est en sa puissance,
Je pers tout espoir en ce jour :
Quand on est sans esperance
On est bientôt sans amour.

Voici l'heure qu'il faut que la Fête commence,
Chacun s'avance,
Preparons-nous.

SCENE VI.

LE CHOEUR, ADMETE, ALCESTE, PHERES, ALCIDE, LYCHAS, CEPHISE, & STRATON.

LE CHOEUR.

VIvez, vivez, heureux époux.

PHERES.

Joüissez des douceurs du nœud qui vous assemble.

ADMETE & ALCESTE.

Quand l'Hymen & l'Amour sont bien d'accord ensemble

Que les nœuds qu'ils forment sont doux!

LE CHOEUR.

Vivez, vivez, heureux Epoux.

SCENE VII.

Des Nymphes de la Mer & des Tritons, viennent faire une Fête Marine, où se mêlent des Matelots & des Pêcheurs.

DEUX TRITONS.

MAlgré tant d'orages,

Et tant de naufrages,
Chacun à ſon tour
S'embarque avec l'Amour.
Par tout où l'on mene
Les Cœurs amoureux,
On voit la Mer pleine
D'écüeils dangereux;
Mais ſans quelque peine
On n'eſt jamais heureux:
Une ame conſtante
Aprés la tourmente
Eſpere un beau jour.
Malgré tant d'orages,
Et tant de naufrages,
Chacun à ſon tour
S'embarque avec l'Amour.

Un Cœur qui differe
D'entrer en affaire
S'expoſe à manquer
Le tems de s'embarquer;
Une ame commune
S'étonne d'abord,
Le ſoin l'importune,
Le calme l'endort,
Mais quelle fortune
Fait-on ſans quelque effort?

Eſt-il un commerce
Exempt de traverſe?
Chacun doit riſquer.
Un Cœur qui differe
D'entrer en affaire,
S'expoſe à manquer
Le tems de s'embarquer.

Céphiſe vêtuë en Nymphe de la Mer, chante au milieu des Divinitez Marines qui lui répondent.

Jeunes Cœurs laiſſez-vous prendre
Le peril eſt grand d'attendre,
Vous perdez d'heureux moments
En cherchant à vous défendre;
Si l'Amour a des tourments
C'eſt la faute des Amants.

Une Nymphe de la Mer chante avec Céphiſe.

Plus les ames ſont rebelles
Plus leurs peines ſont cruelles,
Les plaiſirs doux & charmants
Sont le prix des Cœurs fidelles:
Si l'Amour a des tourments
C'eſt la faute des Amants.

LICOMEDE A ALCESTE.

On vous aprête
Dans mon Vaiſſeau
Un divertiſſement nouveau.

LICOMEDE ET STRATON.

Venez voir ce que notre Fête
Doit avoir de plus beau.

Licomede conduit Alceste dans son Vaisseau; Straton y mene Céphise, & dans le tems qu'Admete & Alcide y veulent passer, le Pont s'enfonce dans la Mer.

ADMETE ET ALCIDE.

Dieux! le Pont s'abîme dans l'eau.

Le Chœur des Thessaliens.

Ah quelle trahison funeste!

ALCESTE ET CEPHISE.

Au secours, au secours!

ALCIDE.

Perfide...

ADMETE.

Alceste....

ALCIDE ET ADMETE.

Laissons les vains discours.
Au secours, au secours.

Les Thessaliens courent s'embarquer pour suivre Licomede.

Le Chœur des Thessaliens.

Au secours, au secours.

SCENE VIII.

THETIS, ADMETE.

THETIS, *sortant de la Mer.*

EPoux infortuné redoute ma colere,
Tu vas hâter l'instant qui doit finir tes jours;
C'est Thetis que la Mer revere,
Que tu vois contre toi du parti de son Frere.
C'est à la mort que tu cours.

ADMETE *courant s'embarquer.*

Au secours, au secours.

THETIS.

Puisqu'on méprise ma puissance
Que les vents déchaînez
Que les flots mutinez
S'arment pour ma vengeance.

Thetis rentre dans la Mer, & les Aquilons excitent une tempête qui agite les Vaisseaux qui s'efforcent de poursuivre Licomede.

SCENE IX.

EOLE, LES AQUILONS, LES ZEPHIRS.

EOLE.

LE Ciel protege les Heros:
Allez Admete, allez Alcide;
Le Dieu qui ſur les Dieux preſide
M'ordonne de calmer les flots:
Allez, pourſuivez un perfide.

Retirez-vous
Vents en courroux,
Rentrez dans vos priſons profondes:
Et laiſſez regner ſur les ondes
Les Zephirs les plus doux.

L'orage ceſſe, les Zephirs volent & font fuïr les Aquilons qui tombent dans la Mer avec les nuages qu'ils en avoient élevez, & les Vaiſſeaux d'Alcide & d'Admete pourſuivent Licomede.

Fin du premier Acte.

ACTE SECOND.

La Scene est dans la Ville de Scyros, & le Theatre represente la Ville principale de l'Isle.

SCENE PREMIERE.

CEPHISE, STRATON.

CEPHISE.

ALceste ne vient point, & nous devons attendre.

STRATON.

Que peut-elle prétendre ?
Pourquoi se tourmenter ici mal à propos ?
Ses cris ont beau se faire entendre,
Peut-être son époux a peri dans les flots,
Et nous sommes enfin dans l'Isle de Scyros.

CEPHISE.

Tu ne te plaindras point que j'en use de même:
Je t'ai donné peu d'embarras

Tu vois comme je suis tes pas.

STRATON.

Tu sçais dissimuler une colere extrême.

CEPHISE.

Et si je te disois que c'est toi seul que j'aime?

STRATON.

Tu le dirois en vain, je ne te croirois pas.

CEPHISE.

Croi-moi, si j'ai feint de changer
C'étoit pour te mieux engager.

Un Rival n'est pas inutile,
Il réveille l'ardeur & les soins d'un Amant;
Une conquête facile
Donne peu d'empressement,
Et l'Amour tranquile
S'endort aisément.

STRATON.

Non, non, ne tente point une seconde ruse,
Je voi plus clair que tu ne crois.
On excuse d'abord un Amant qu'on abuse;
Mais la sotise est sans excuse
De se laisser tromper deux fois.

CEPHISE.

N'est-il aucun moyen d'apaiser ta colere?

STRATON.

Consens à m'épouser, & sans retardement.

CEPHISE.

Une si grande affaire
Ne se fait pas si promptement:
Un Hymen qu'on differe
N'en est que plus charmant.

STRATON.

Un Hymen qui peut plaire
Ne coûte guere,
Et c'est un nœud bientôt formé;
Rien n'est plus aisé que de faire
Un époux d'un Amant aimé.

CEPHISE.

Je t'aime d'une amour sincere;
Et s'il est necessaire,
Je m'offre à t'en faire un serment.

STRATON.

Amusement, amusement.

CEPHISE.

L'injuste enlevement d'Alceste
Attire dans ces lieux une guerre funeste,
Les plus braves des Grecs s'arment pour son secours:
Au milieu des cris & des larmes,
L'Hymen a peu de charmes;
Attendons de tranquiles jours.

Le bruit affreux des armes
Effarouche bien les Amours.

STRATON.

Diſcours, diſcours, diſcours.
Tu n'as qu'à m'épouſer pour m'ôter tout ombrage.
Pourquoi differer davantage ?
A quoi ſervent tant de façons ?

CEPHISE.

Rens-moi la liberté pour m'épouſer ſans crainte;
Un Hymen fait avec contrainte
Eſt un mauvais moyen de finir tes ſoupçons.

STRATON.

Chanſons, chanſons, chanſons.

SCENE II.

LICOMEDE, ALCESTE, STRATON, CEPHISE, Soldats de Licomede.

LICOMEDE.

ALlons, allons, la plainte eſt vaine.

ALCESTE.

Ah quelle rigueur inhumaine !

LICOMEDE.

Allons, je ſuis ſourd à vos cris,

Je me vange de vos mépris.

ALCESTE.

Quoi vous ſerez inexorable?

LICOMEDE.

Cruelle, vous m'avez appris
A devenir impitoyable.

ALCESTE.

Eſt-ce ainſi que l'Amour a ſçû vous émouvoir?
Eſt-ce ainſi que pour moi votre ame eſt attendrie?

LICOMEDE.

L'Amour ſe change en furie
Quand il eſt au deſeſpoir,
Puiſque je perds toute eſperance,
Je veux deſeſperer mon Rival à ſon tour;
Et les douceurs de la vangeance
Ont dequoi conſoler les rigueurs de l'Amour.

ALCESTE.

Voyez la douleur qui m'accable.

LICOMEDE.

Vous avez ſans pitié regardé ma douleur,
Vous m'avez rendu miſerable,
Vous partagerez mon malheur.

ALCESTE.

Admete avoit mon cœur dés ma plus tendre enfance;
Nous ne connoiſſions pas l'Amour ni ſa puiſſance.

Lorsque d'un nœud fatal il vint nous enchaîner:
Ce n'est pas une grande offense
Que le refus d'un cœur qui n'est plus à donner.

LICOMEDE.

Est-ce aux Amants qu'on desespere
A devoir rien examiner?
Non, je ne puis vous pardonner
D'avoir trop sçû me plaire.
Que ne m'ont point coûté vos funestes attraits!
Ils ont mis dans mon cœur une cruelle flâme,
Ils ont arraché de mon ame
L'innocence & la paix.
Non, Ingrate, non, Inhumaine,
Non, quelle que soit votre peine,
Non, je ne vous rendrai jamais
Tous les maux que vous m'avez faits.

STRATON.

Voici l'Ennemi qui s'avance
En diligence.

LICOMEDE.

Preparons-nous
A nous défendre.

ALCESTE.

Ah cruel, que n'épargnez-vous
Le sang qu'on va répandre!

LICOMEDE *& ses Soldats.*

Perissons tous
Plutôt que nous rendre.

Licomede contraint Alceste d'entrer dans la Ville, Céphise la suit, & les Soldats de Licomede ferment la Porte de la Ville aussi-tôt qu'ils y sont entrez.

SCENE III.

ADMETE, ALCIDE, LYCHAS, *Soldats assiegeans.*

ADMETE & ALCIDE.

MArchez, marchez, marchez.
Aprochez, amis, aprochez,
Marchez, marchez, marchez.
Hâtons-nous de punir des Traîtres,
Rendons-nous maîtres
Des Murs qui les tiennent cachez:
Marchez, marchez, marchez.

SCENE IV.

SCENE IV.

LICOMEDE, STRATON,
Soldats assiegez.

ADMETE, ALCIDE, LYCHAS,
Soldats assiegeans.

LICOMEDE *sur les Remparts.*

NE pretendez pas nous surprendre,
Venez, nous allons vous attendre:
Nous ferons tous notre devoir
Pour vous bien recevoir.

STRATON, *& les Soldats assiegez.*

Nous ferons tous notre devoir
Pour vous bien recevoir.

ADMETE.

Perfide, évite un sort funeste,
On te pardonne tout si tu veux rendre Alceste.

LICOMEDE.

J'aime mieux mourir, s'il le faut,
Que de ceder jamais cet Objet plein de charmes.

ADMETE & ALCIDE.

A l'assaut, à l'assaut.

LICOMEDE & STRATON.

Aux armes, aux armes.

LES ASSIEGEANS.

A l'assaut, à l'assaut.

LES ASSIEGEZ.

Aux armes, aux armes.

ADMETE, ALCIDE & LICOMEDE.

A moi, Compagnons, à moi.

ADMETE & LICOMEDE.

A moi, suivez votre Roi.

ALCIDE.

C'est Alcide
Qui vous guide.

ADMETE, ALCIDE & LICOMEDE.

A moi, Compagnons, à moi.

On fait avancer des Machines de guerre pour battre la Place.

TOUS ENSEMBLE.

Donnons, donnons de toutes parts.

LES ASSIEGEANS.

Que chacun à l'envi combatte.
Que l'on abatte
Les Tours, & les Remparts.

TOUS ENSEMBLE.

Donnons, donnons de toutes parts.

LES ASSIÉGEZ.

Que les ennemis pêle mêle,
Trébuchent sous l'affreuse grêle
De nos fléches, & de nos dards.

TOUS.

Donnons, donnons de toutes parts.
Courage, courage, courage,
Ils sont à nous, ils sont à nous.

ALCIDE.

C'est trop disputer l'avantage,
Je vais vous ouvrir un passage,
Suivez-moi tous, suivez-moi tous.

TOUS ENSEMBLE.

Courage, courage, courage,
Ils sont à nous, ils sont à nous.

Les Assiegez voyant leurs Remparts à demi abattus, & la Porte de la Ville enfoncée, font un dernier effort dans une sortie pour repousser les Assiegeans.

LES ASSIEGEANS.

Achevons d'emporter la Place;
L'ennemi commence à plier.
Main basse, main basse, main basse.

LES ASSIEGEZ *rendant les Armes.*

Quartier, quartier, quartier.

LES ASSIEGEANS.

La Ville eſt priſe.

LES ASSIEGEZ.

Quartier, quartier, quartier.

LYCHAS *terraſſant* STRATON.

Il faut rendre Cephiſe.

STRATON.

Je ſuis ton priſonnier,
Quartier, quartier, quartier.

SCENE V.

PHERES *armé, & marchant avec peine.*

COurage Enfants, je ſuis à vous;
Mon bras, va ſeconder vos coups:
Mais ç'en eſt déja fait, & l'on a pris la Ville;
La foibleſſe de l'âge a retardé mes pas:
La valeur devient inutile
Quand la force n'y répond pas.

Que la Vieilleſſe eſt lente!
Les efforts qu'elle tente
Sont toujours impuiſſans:
C'eſt une charge bien peſante
Qu'un fardeau de quatre-vingt-ans.

SCENE VI.

ALCIDE, ALCESTE, CEPHISE, PHERES, LYCHAS, STRATON enchaîné.

ALCIDE à PHERES.

Rendez à votre Fils cette aimable Princesse.

PHERES.

Ce don de votre main seroit encore plus doux.

ALCIDE.

Allez, allez la rendre à son heureux époux.

ALCESTE.

Tout est soumis, la guerre cesse;
Seigneur peurquoi me laissez-vous?
Quel nouveau soin vous presse?

ALCIDE.

Vous n'avez rien à redouter,
Je vais chercher ailleurs des Tyrans à dompter.

ALCESTE.

Les nœuds d'une amitié pressante
Ne retiendront-ils point votre ame impatiente?
Et la Gloire toujours vous doit-elle emporter?

ALCIDE.

Gardez-vous bien de m'arrêter.

ALCESTE.

C'eſt votre valeur triomphante
Qui fait le ſort charmant que nous allons goûter;
Quelque douceur que l'on reſſente,
Un ami tel que vous l'augmente,
Voulez-vous ſitôt nous quitter ?

ALCIDE.

Gardez-vous bien de m'arrêter.
Laiſſez, laiſſez-moi fuïr un charme qui m'enchante:
Non, toute ma vertu n'eſt pas aſſez puiſſante
Pour répondre d'y reſiſter.
Non, encore une fois, Princeſſe trop charmante,
Gardez-vous bien de m'arrêter.

SCENE VII.

ALCESTE, PHERES, CEPHISE.

TOUS TROIS.

CHerchons Admete promptement.

ALCESTE.

Peut-on chercher ce qu'on aime
Avec trop d'empreſſement!
Quand l'amour eſt extrême,
Le moindre éloignement
Eſt un cruel tourment.

ALCESTE, PHERES & CEPHISE.

Cherchons Admete promptement.

SCENE VIII.

ADMETE blessé, CLEANTE, ALCESTE, PHERES, CEPHISE, Soldats.

ALCESTE.

O Dieux ! quel spectacle funeste !

CLEANTE.

Le chef des ennemis mourant, & terrassé,
De sa rage expirante a ramassé le reste,
Le Roi vient d'en être blessé.

ADMETE.

Je meurs, charmante Alceste,
Mon sort est assez doux
Puisque je meurs pour vous.

ALCESTE.

C'est pour vous voir mourir que le Ciel me delivre !

ADMETE.

Avec le nom de votre époux
J'eusse été trop heureux de vivre ;
Mon sort est assez doux
Puisque je meurs pour vous.

ALCESTE.

Eſt-ce là cet Hymen ſi doux, ſi plein d'appas,
Qui nous promettoit tant de charmes?
Falloit-il que ſitôt l'aveugle ſort des armes
Tranchât des nœuds ſi beaux par un affreux trépas?
Eſt-ce là cet Hymen ſi doux, ſi plein d'appas,
Qui nous promettoit tant de charmes?

ADMETE.

Belle Alceſte ne pleurez pas,
Tout mon ſang ne vaut point vos larmes.

ALCESTE.

Eſt-ce là cet Hymen ſi doux, ſi plein d'appas,
Qui nous promettoit tant de charmes?

ADMETE.

Alceſte, vous pleurez.

ALCESTE.

Admete, vous mourez.

ADMETE & ALCESTE *enſemble.*

Alceſte, vous pleurez,
Admete, vous mourez.

ALCESTE.

Se peut-il que le Ciel permete,
Que les cœurs d'Alceſte & d'Admete
Soient ainſi ſeparez?

ADMETE & ALCESTE.

Alceste, vous pleurez,
Admete, vous mourez;

SCENE IX.

APOLLON, LES ARTS, ADMETE, ALCESTE, PHERES, CEPHISE, CLEANTE, Soldats.

APOLLON *environné des Arts.*

LA Lumiere aujourd'hui te doit être ravie;
Il n'est qu'un seul moyen de prolonger ton sort!
Le Destin me promet de te rendre la vie,
Si quelqu'autre pour toi veut s'offrir à la mort.
Reconnoît si quelqu'un t'aime parfaitement!
Sa mort aura pour prix une immortelle gloire:
Pour en conserver la memoire
Les Arts vont élever un pompeux Monument.

Les Arts qui sont autour d'Apollon se separent sur des Nuages differents, & tous descendent pour élever un Monument superbe, tandis qu'Apollon s'envole.

Fin du second Acte.

ACTE TROISIEME

Le Theatre eſt un grand Monument élevé par les Arts. Un Autel vuide paroît au milieu pour ſervir à porter l'Image de la perſonne qui s'immolera pour Admete.

SCENE PREMIERE.

ALCESTE, PHERES, CEPHISE.

ALCESTE.

AH pourquoi nous ſeparez-vous?
Eh du moins attendez que la mort nous ſepare,
Cruels, qu'elle pitié barbare
Vous preſſe d'arracher Alceſte à ſon époux?
Ah pourquoi nous ſeparez-vous?

PHERES ET CEPHISE.

Plus votre époux mourant voit d'amour, & d'appas,
Et plus le jour qu'il perd lui doit faire d'envie:

Ce sont les douceurs de la vie
Qui font les horreurs du trépas.

ALCESTE.

Les Arts n'ont point encore achevé leur ouvrage;
Cet Autel doit porter la glorieuse Image
De qui signalera sa foi
En mourant pour sauver son Roi.

Le prix d'une gloire immortelle
Ne peut-il toucher un grand Cœur?
Faut-il que la Mort la plus belle
Ne laisse pas de faire peur?
A quoi sert la foule importune
Dont les Rois sont embarassez?
Un coup fatal de la Fortune
Ecarte les plus empressez.

ALCESTE, PHERES, & CEPHISE.

De tant d'amis qu'avoit Admete
Aucun ne vient le secourir;
Quelque honneur qu'on promette
On le laisse mourir.

PHERES.

J'aime mon Fils, je l'ai fait Roi;
Pour prolonger son sort je mourrois sans effroi,
Si je pouvois offrir des jours dignes d'envie;
Je n'ai plus qu'un reste de vie,
Ce n'est rien pour Admete, & c'est beaucoup pour moi.

CEPHISE.

Les honneurs les plus éclatans
En vain dans le tombeau promettent de nous ſuivre,
La mort eſt affreuſe en tout tems:
Mais peut-on renoncer à vivre
Quand on n'a vêcu que quinze ans?

ALCESTE.

Chacun eſt ſatisfait des excuſes qu'il donne:
Cependant on ne voit perſonne
Qui pour ſauver Admete oſe perdre le jour;
Le devoir, l'amitié, le ſang tout l'abandonne,
Il n'a plus d'eſpoir qu'en l'Amour.

SCENE II.

PHERES, LE CHOEUR, CLEANTE.

PHERES.

VOyons encor mon Fils, allons, hâtons nos pas;
Ses yeux vont ſe couvrir d'éternelles tenebres.

LE CHOEUR.

Helas! helas! helas!

PHERES.

Quels cris! quelles plaintes funebres!

LE CHOEUR.

Helas! helas! helas!

PHERES.

Où vas-tu ? Cleante, demeure.

CLEANTE.

Helas ! helas !
Le Roi touche à sa derniere heure,
Il s'affoiblit, il faut qu'il meure,
Et je viens pleurer son trépas.
Helas ! helas !

LE CHOEUR.

Helas ! helas ! helas !

PHERES.

On le plaint, tout le monde pleure,
Mais nos pleurs ne le sauvent pas.
Helas ! helas !

LE CHOEUR.

Helas ! helas ! helas.

SCENE III.

LE CHOEUR, ADMETE, PHERES, CLEANTE.

LE CHOEUR.

O Trop heureux Admete !
Que votre sort est beau !

PHERES & CLEANTE.

Quel changement! quel bruit nouveau!

LE CHOEUR.

O trop heureux Admete!
Que votre ſort eſt beau!

PHERES & CLEANTE *voyant Admete gueri.*

L'effort d'une Amitié parfaite
L'a ſauvé du Tombeau.

PHERES *embraſſant Admete.*

O trop heureux Admete!
Que votre ſort eſt beau!

LE CHOEUR.

O trop heureux Admete!
Que votre ſort eſt beau!

ADMETE.

Qu'une Pompe funebre
Rende à jamais celebre
Le genereux effort
Qui m'arrache à la Mort.

Alceſte n'aura plus d'allarmes,
Je reverrai ſes yeux charmants
A qui j'ai coûté tant de larmes:
Que la vie a de charmes
Pour les heureux Amants!

Achevez, Dieux des Arts, faites-nous voir l'Image
Qui doit éterniser la grandeur de courage
De qui s'est immolé pour moi;
Ne differez point davantage...
Ciel! ô Ciel! qu'est-ce que je voi!

L'Autel s'ouvre, & l'on voit sortir l'Image d'Alceste qui se perce le sein.

SCENE IV.

CEPHISE, ADMETE, PHERES, CLEANTE, LE CHOEUR.

CEPHISE.

Alceste est morte.

ADMETE.

Alceste est morte!

LE CHOEUR.

Alceste est morte.

CEPHISE.

Alceste a satisfait les Parques en couroux;
Votre Tombeau s'ouvroit, elle y descend pour vous,
Elle-même a voulu vous en fermer la porte;
Alceste est morte.

ADMETE.

Alceſte eſt morte !

LE CHOEUR.

Alceſte eſt morte.

CEPHISE.

J'ai couru, mais trop tard pour arrêter ſes coups :
Jamais en faveur d'un époux
On ne verra d'ardeur ſi fidelle & ſi forte ;
Alceſte eſt morte.

ADMETE.

Alceſte eſt morte !

LE CHOEUR.

Alceſte eſt morte.

CEPHISE.

Sujets, Amis, Parents, vous abandonnoient tous ;
Sur les Droits les plus forts, ſur les nœuds les plus doux,
L'Amour, le tendre Amour l'emporte :
Alceſte eſt morte.

ADMETE.

Alceſte eſt morte !

LE CHOEUR.

Alceſte eſt morte.

Admete tombe accablé de douleur entre les bras de ſa ſuite.

SCENE V.

SCENE V.

Troupe de Femmes affligées, Troupe d'Hommes desolez, qui portent des fleurs, & tous les ornements qui ont servi à parer Alceste.

TOUS ENSEMBLE.

FOrmons les plus lugubres chants,
Et les regrets les plus touchants.

UNE FEMME AFFLIGE'E.

La Mort, la Mort barbare,
Détruit aujourd'hui mille appas.
Quelle Victime, helas!
Fut jamais si belle & si rare?
La Mort, la Mort barbare
Détruit aujourd'hui mille appas.

UN HOMME DESOLE'.

Alceste si jeune, & si belle,
Court se precipiter dans la Nuit éternelle,
Pour sauver ce qu'elle aime elle a perdu le jour.

LE CHOEUR.

O trop parfait Modele
D'une épouse fidelle!
O trop parfait Modele
D'un veritable Amour!

UNE FEMME AFFLIGE'E.

Que notre zéle se partage;
Que les uns par leurs chants celebrent son courage,
Que d'autres par leurs cris déplorent ses malheurs.

LE CHOEUR.

Rendons hommage
A son Image;
Jettons des fleurs,
Versons des pleurs.

UNE FEMME AFFLIGE'E.

Alceste, la charmante Alceste,
La fidelle Alceste n'est plus.

LE CHOEUR.

Alceste, la charmante Alceste,
La fidelle Alceste n'est plus.

UNE FEMME AFFLIGE'E.

Tant de beautez, tant de vertus,
Meritoient un sort moins funeste.

LE CHOEUR.

Alceste, la charmante Alceste,
La fidelle Alceste n'est plus.

Un transport de douleur saisit les deux Troupes affligées, une partie déchire ses habits; l'autre s'arrache les cheveux, & chacun brise au pied de l'Image d'Alceste les ornements qu'il porte à la main.

LE CHOEUR.

Rompons, brisons le triste reste
De ces Ornemens superflus.

Que nos pleurs, que nos cris renouvellent sans cesse;
Allons porter par tout la douleur qui nous presse.

SCENE VI.

ADMETE, PHERES, CEPHISE. CLEANTE, Suite.

ADMETE *revenu de son évanoüissement, & se voyant desarmé.*

Sans Alceste, sans ses appas,
Croyez-vous que je puisse vivre?
Laissez-moi courir au trépas
Où ma chere Alceste se livre.
Sans Alceste sans ses appas,
Croyez-vous que je puisse vivre?
C'est pour moi qu'elle meurt, helas!
Pourquoi m'empêcher de la suivre?
Sans Alceste, sans ses appas,
Croyez-vous que je puis vivre?

SCENE VII.

ALCIDE, ADMETE, PHERES, CEPHISE, CLEANTE.

ALCIDE.

TU me vois arrêté ſur le point de partir
Par les triſtes clameurs qu'on entend retentir.

ADMETE.

Alceſte meurt pour moi par une amour extrême,
Je ne reverrai plus les yeux qui m'ont charmé:
Helas! j'ai perdu ce que j'aime
Pour avoir été trop aimé.

ALCIDE.

J'aime Alceſte, il eſt tems de ne m'en plus défendre;
Elle meurt, ton amour n'a plus rien à pretendre;
Admete, cede-moi la Beauté que tu pers:
Au Palais de Pluton j'entreprens de deſcendre:
J'irai juſqu'au fonds des Enfers
Forcer la mort à me la rendre.

ADMETE.

Je verrois encore ſes beaux yeux?
Allez, Alcide, allez, revenez glorieux,
Obtenez qu'Alceſte vous ſuive:
Le Fils du plus puiſſant des Dieux
Eſt plus digne que moi du bien dont on me prive.

Allez, allez, ne tardez pas,
Arrachez Alceſte au Trépas,
Et ramenez au jour ſon Ombre fugitive;
Qu'elle vive pour vous avec tous ſes appas,
Admete eſt trop heureux pourvû qu'Alceſte vive.

PHERES, CEPHISE, CLEANTE.

Allez, allez, ne tardez pas,
Arrachez Alceſte au Trépas.

SCÈNE VIII.

DIANE, MERCURE, ALCIDE, ADMETE, PHERES, CEPHISE, CLEANTE.

La Lune paroît, ſon Globe s'ouvre, & fait voir Diane ſur un Nuage brillant.

DIANE.

LE Dieu dont tu tiens la naiſſance
Oblige tous les Dieux d'être d'intelligence
En faveur d'un deſſein ſi beau;
Je viens t'offrir mon aſſiſtance;
Et Mercure s'avance
Pour t'ouvrir aux Enfers un paſſage nouveau.

Mercure vient en volant frapper la Terre de ſon Caducée, l'Enfer s'ouvre, & Alcide y deſcend.

Fin du troiſiéme Acte.

ACTE QUATRIEME.

Le Théatre represente le Fleuve Acheron & ses sombres Rivages.

SCENE PREMIERE.

CHARON; LES OMBRES.

CHARON *ramant sa Barque.*

IL faut passer tôt ou tard,
Il faut passer dans ma Barque.
On y vient jeune, ou vieillard,
Ainsi qu'il plaît à la Parque;
On y reçoit sans égard,
Le Berger, & le Monarque.
Il faut passer tôt ou tard,
Il faut passer dans ma Barque.
Vous qui voulez passer, venez, Mânes errants,
Venez, avancez, tristes Ombres,
Payez le tribut que je prens,
Ou retournez errer sur ces Rivages sombres.

LES OMBRES.

Passe-moi, Charon, passe-moi.

CHARON.

Il faut auparavant que l'on me satisfasse,
On doit payer les soins d'un si penible emploi.

LES OMBRES.

Passe-moi, Charon, passe-moi,

Charon fait entrer dans sa Barque les Ombres qui ont dequoi le payer.

CHARON.

Donne, passe, donne, passe,
Demeure toi.
Tu n'as rien il faut qu'on te chasse.

UNE OMBRE *rebutée.*

Une Ombre tient si peu de place.

CHARON.

Ou paye, ou tourne ailleurs tes pas.

L'OMBRE.

De grace, par pitié, ne me rebute pas.

CHARON.

La pitié n'est point ici bas,
Et Charon ne fait point de grace.

L'OMBRE.

Helas! Charon, helas! helas!

CHARON.

Crie helas ! tant que tu voudras,
Rien pour rien, en tous lieux est une loi suivie :
Les mains vuides sont sans appas ;
Et ce n'est point assez de payer dans la vie
Il faut encore payer au delà du Trépas.

L'OMBRE *en se retirant.*

Helas ! Charon, helas ! helas !

CHARON.

Il m'importe peu que l'on crie
Helas ! Charon, helas ! helas !
Il faut encore payer au delà du Trépas.

SCENE II.

ALCIDE, CHARON, LES OMBRES.

ALCIDE *sautant dans la Barque.*

SOrtez, Ombres, faites-moi place,
Vous passerez une autre fois.

Les Ombres s'enfuyent.

CHARON.

Ah ! ma Barque ne peut souffrir un si grand poids.

ALCIDE.

Allons, il faut que l'on me passe.

CHARON.

CHARON.

Retire-toi d'ici, Mortel, qui que tu sois,
Les Enfers irritez puniront ton audace.

ALCIDE.

Passe-moi sans tant de façons.

CHARON.

L'eau nous gagne, ma Barque créve.

ALCIDE.

Allons rame, dépêche, acheve.

CHARON.

Nous enfonçons.

ALCIDE.

Passons, passons.

SCENE III.

Le Theatre change & represente le Palais de Pluton.

PLUTON, PROSERPINE, L'OMBRE D'ALCESTE, *Suivans de Pluton.*

PLUTON *sur son Trône.*

REçoi le juste prix de ton amour fidelle;
Que ton destin nouveau soit heureux à jamais:
Commence de goûter la douceur éternelle

D'une profonde paix.

SUIVANTS DE PLUTON.

Commence de goûter la douceur éternelle
D'une profonde paix.

PROSERPINE *à côté de* PLUTON.

L'épouse de Pluton te retient auprés d'elle :
Tous tes vœux seront satisfaits.

SUIVANTS DE PLUTON.

Commence de goûter la douceur éternelle
D'une profonde paix.

PLUTON & PROSERPINE.

En faveur d'une Ombre si belle,
Que l'Enfer fasse voir tout ce qu'il a d'attraits.

SUIVANTS DE PLUTON.

En faveur d'une Ombre si belle,
Que l'Enfer fasse voir tout ce qu'il a d'attraits.

Les Suivants de Pluton se réjoüissent de la venuë d'Alceste dans les Enfers, par une espece de Fête.

SUIVANTS DE PLUTON.

Tout mortel doit ici paroître,
On ne peut naître
Que pour mourir :
De cent maux le trépas délivre ;
Qui cherche à vivre
Cherche à souffrir.

Venez tous sur nos sombres bords,
Le repos qu'on desire
Ne tient son Empire
Que dans le séjour des Morts.

Chacun vient ici bas prendre place,
Sans cesse on y passe,
Jamais on n'en sort.
C'est pour tous une loi necessaire;
L'effort qu'on peut faire
N'est qu'un vain effort:
Est-on sage
De fuïr ce passage?
C'est un orage
Qui mene au Port.
Chacun vient ici bas prendre place,
Sans cesse on y passe,
Jamais on n'en sort.
Tous les charmes,
Plaintes, cris, larmes,
Tout est sans armes
Contre la Mort.
Chacun vient ici bas prendre place,
Sans cesse on y passe,
Jamais on n'en sort.

SCENE IV.

ALECTON, PLUTON, PROSERPINE, L'OMBRE D'ALCESTE, SUIVANTS DE PLUTON.

ALECTON.

QUittez, quittez les Jeux, ſongez à vous deffendre,
Contre un Audacieux uniſſons nos efforts :
Le Fils de Jupiter vient ici de deſcendre
Seul, il oſe attaquer tout l'Empire des Morts.

PLUTON.

Qu'on arrête ce Temeraire,
Armez-vous, amis, armez-vous,
Qu'on déchaîne Cerbere,
Courez tous, courez tous.

On entend aboyer Cerbere.

ALECTON.

Son bras abat tout ce qu'il frappe,
Tout cede à ſes horribles coups,
Rien ne reſiſte, rien n'échape.

SCENE V.

ALCIDE, PLUTON, PROSERPINE, ALECTON *Suivants de Pluton.*

PLUTON *voyant Alcide qui enchaîne Cerbere.*

INſolent juſqu'ici braves-tu mon couroux?
Quelle injuſte audace t'engage
A troubler la paix de ces lieux?

ALCIDE.

Je ſuis né pour dompter la rage
Des Monſtres les plus furieux.

PLUTON.

Eſt-ce le Dieux jaloux qui lance le Tonnerre
Qui t'oblige à porter la guerre
Juſqu'au centre de l'Univers?
Il tient ſous ſon pouvoir & le Ciel & la Terre,
Veut-il encor ravir l'Empire des Enfers?

ALCIDE.

Non, Pluton, regne en paix, joüis de ton partage;
Je viens chercher Alceſte en cet affreux ſéjour,
Permets que je la rende au jour,
Je ne veux point d'autre avantage.
Si c'eſt te faire outrage
D'entrer par force dans ta Cour,

Pardonne à mon courage
Et fais grace à l'Amour.

PROSERPINE.

Un grand cœur peut tout quand il aime,
Tout doit ceder à son effort.
C'est un Arrêt du Sort,
Il faut que l'Amour extrême
Soit plus fort
Que la Mort.

PLUTON.

Les Enfers, Pluton lui-même,
Tout doit en être d'accord;
Il faut que l'Amour extrême
Soit plus fort
Que la Mort.

SUIVANS DE PLUTON.

Il faut que l'Amour extrême
Soit plus fort
Que la Mort.

PLUTON.

Que pour revoir le jour l'Ombre d'Alceste sorte.

Pluton donne un coup de son Trident & fait sortir son Char.

Prenez place tous deux au Char dont je me sers:
Qu'au gré de vos vœux, il vous porte;

Partez, les chemins sont ouverts.
Qu'une volante Escorte
Vous conduise au travers
Des noires vapeurs des Enfers.

Alcide & l'Ombre d'Alceste se placent sur le Char de Pluton, qui les enleve sous la conduite d'une Troupe volante de Suivants de Pluton.

Fin du quatriéme Acte.

ACTE CINQUIÉME.

Le Theatre change & represente un Arc de Triomphe au milieu de deux Amphitheatres, où l'on voit une multitude de differens Peuples de la Grece assemblez pour recevoir Alcide triomphant des Enfers.

SCENE PREMIERE.

ADMETE, LE CHOEUR.

ADMETE.

Alcide est vainqueur du Trépas,
L'Enfer ne lui resiste pas.
Il ramene Alceste vivante;
Que chacun chante,
Alcide est vainqueur du Trépas,
L'Enfer ne lui resiste pas.

LE CHOEUR *sur l'Arc de Triomphe & sur les Amphitheatres.*

Alcide est vainqueur du Trépas,
L'Enfer ne lui resiste pas.

ADMETE.

ADMETE.

Quelle douleur ſecrete
Rend mon ame inquiete,
Et trouble mon amour?
Alceſte voit encor le jour,
Mais c'eſt pour un autre qu'Admete.

LE CHOEUR.

Alcide eſt vainqueur du Trépas,
L'Enfer ne lui reſiſte pas.

ADMETE.

Ah! du moins cachons ma triſteſſe;
Alceſte dans ces lieux ramene les plaiſirs.
Je dois rougir de ma foibleſſe,
Quelle honte à mon cœur de mêler des ſoûpirs
Avec tant de cris d'allegreſſe!

LE CHOEUR.

Alcide eſt vainqueur du Trépas,
L'Enfer ne lui reſiſte pas.

ADMETE.

Par une ardeur impatiente
Courons, & devançons ſes pas.
Il ramene Alceſte vivante,
Que chacun chante.

ADMETE & LE CHOEUR.

Alcide eſt vainqueur du Trépas,
L'Enfer ne lui reſiſte pas.

SCENE II.

LYCHAS, STRATON enchaîné.

STRATON.

NE m'ôtera-tu point la chaîne qui m'accable,
Dans ce jour destiné pour tant d'aimables jeux?
Ah! qu'il est rigoureux
D'être seul miserable
Quand on voit tout le monde heureux!

LYCHAS *mettant Straton en liberté.*

Aujourd'hui qu'Alcide rameine
Alceste des Enfers,
Je veux finir ta peine.
Qu'on ne porte plus d'autres fers
Que ceux dont l'Amour nous enchaîne.

STRATON & LYCHAS.

Qu'on ne porte plus d'autres fers
Que ceux dont l'Amour nous enchaîne.

SCENE III.

CEPHISE, LYCHAS, STRATON.

LYCHAS & STRATON.

VOi, Céphise, voi qui de nous
Peut rendre ton destin plus doux,
Et termine enfin nos querelles.

LYCHAS.

Mes amours seront éternelles.

STRATON.

Mon cœur ne sera plus jaloux.

LYCHAS & STRATON.

Entre deux Amants fidelles,
Choisis un heureux époux.

CEPHISE.

Je n'ai point de choix à faire;
Parlons d'aimer & de plaire,
Et vivons toujours en paix.
L'Hymen détruit la tendresse
Il rend l'Amour sans attraits;
Voulez-vous aimer sans cesse,
Amants, n'épousez jamais.

CEPHISE, LYCHAS & STRATON.

L'Hymen détruit la tendresse,
Il rend l'Amour sans attraits ;
Voulez-vous aimer sans cesse,
Amants, n'épousez jamais.

CEPHISE.

Prenons part aux transports d'une joye éclatante :
Que chacun chante.

TOUS ENSEMBLE.

Alcide est vainqueur du Trépas
L'Enfer ne lui resiste pas.
Il ramene Alceste vivante,
Que chacun chante
Alcide est vainqueur du Trépas
L'Enfer ne lui resiste pas.

SCENE IV.

ALCIDE, ALCESTE, ADMETE, CEPHISE, LYCHAS, STRATON, PHERES, CLEANTE, LE CHOEUR.

ALCIDE.

Pour une si belle victoire
Peut-on avoir trop entrepris ?
Ah qu'il est doux de courir à la gloire
Lorsque l'Amour en doit donner le prix !

Vous détournez vos yeux! je vous trouve insensible?
Admete a seul ici vos regards les plus doux?

ALCESTE.

Je fais ce qui m'est possible
Pour ne regarder que vous.

ALCIDE.

Vous devez suivre mon envie,
C'est pour moi qu'on vous rend le jour.

ALCESTE.

Je n'ai pû reprendre la vie
Sans reprendre aussi mon amour.

ALCIDE.

Admete en ma faveur vous a cedé lui-même.

ADMETE.

Alcide pouvoit seul vous ôter au trépas.
Alceste, vous vivez, je revoi vos appas,
Ai-je pû trop payer cette douceur extrême.

ADMETE & ALCESTE.

Ah que ne fait-on pas
Pour sauver ce qu'on aime!

ALCIDE.

Vous soûpirez tous deux au gré de vos desirs;
Est-ce ainsi qu'on me tient parole?

ADMETE & ALCESTE *ensemble.*

Pardonnez aux derniers soûpirs
D'un malheureux Amour qu'il faut qu'on vous immole.

Alceste }
Admete } il ne faut plus nous voir.

D'un autre que { de moi votre sort } doit dépendre,
{ de vous mon destin }

Il faut dans les grands cœurs que l'Amour le plus tendre
Soit la Victime du devoir.

Alceste }
Admete } il ne faut plus nous voir.

Admete se retire, & Alceste offre sa main à Alcide qui arrête Admete, & lui cede la main qu'Alceste lui presente.

ALCIDE.

Non, non, vous ne devez pas croire
Qu'un Vainqueur des Tyrans, soit Tyran à son tour:
Sur l'Enfer, sur la Mort, j'emporte la victoire;
Il ne manque plus à ma gloire
Que de triompher de l'Amour.

ADMETE & ALCIDE.

Ah quelle gloire extrême!
Quel heroïque effort!
Le vainqueur de la Mort
Triomphe de lui-même.

SCENE V.

APOLLON, LES MUSES, LES JEUX, ALCIDE, ADMETE, ALCESTE, & leur Suite.

Apollon descend dans un Palais éclatant au milieu des Muses & des Jeux qu'il amene pour prendre part à la joye d'Admete & d'Alceste, & pour celebrer le Triomphe d'Alcide.

APOLLON.

LEs Muses & les Jeux s'empressent de descendre,
Apollon les conduit dans ces aimables lieux.
Voùs, à qui j'ai pris soin d'aprendre
A chanter vos amours sur le ton le plus tendre,
Bergers, chantez avec les Dieux.
Chantons, chantons, faisons entendre
Nos chansons jusques dans les Cieux.

SCENE DERNIERE.

Une Troupe de Bergers & de Bergeres, & une Troupe de Pastres, dont les uns chantent & les autres dansent, viennent par l'ordre d'Apollon contribuer à la rejoüissance.

LES CHOEURS DES MUSES, DES THESSALLIENS *& des Bergers chantent ensemble.*

CHantons, chantons, faisons entendre
Nos chansons jusques dans les Cieux.

Straton chante au milieu des Pastres dansants.

A quoi bon
Tant de raison
Dans le bel âge ?
A quoi bon
Tant de raison
Hors de saison ?
Qui craint le danger
De s'engager
Est sans courage :
Tout rit aux Amants
Les Jeux charmants
Sont leur partage :
Tôt, tôt, tôt soyons contents,
Il vient un tems
Qu'on est trop sage.

Céphise

Céphise chante au milieu des Bergers & des Bergeres qui dansent.

C'est la saison d'aimer
Quand on sçait plaire,
C'est la saison d'aimer
Quand on sçait charmer.
Les plus beaux de nos jours ne durent guere,
Le sort de la Beauté nous doit allarmer,
Nos champs n'ont point de Fleur plus passagere;
C'est la saison d'aimer
Quand on sçait plaire,
C'est la saison d'aimer
Quand on sçait charmer.
Un peu d'amour est necessaire,
Il n'est jamais trop tôt de s'enflâmer;
Nous donne-t'on un cœur pour n'en rien faire?
C'est la saison d'aimer
Quand on sçait plaire,
C'est la saison d'aimer
Quand on sçait charmer.

La Troupe des Bergers danse avec la Troupe des Pastres. Les Chœurs se répondent les uns aux autres, & s'unissent enfin tous ensemble.

LES CHOEURS.

Triomphez, genereux Alcide,
Aimez en paix heureux époux.
Que { toujours la Gloire / sans cesse l'Amour } vous guide.
Joüissez à jamais des { honneurs / plaisirs } les plus doux.
Triomphez, genereux Alcide,
Aimez en paix, heureux époux.

Apollon vole avec les Jeux.

Fin du cinquiéme & dernier Acte.

CATALOGUE
DES LIVRES NOUVEAUX,
Qui se vendent à Paris chez PIERRE RIBOU, Quai des Augustins, à la descente du Pont-Neuf, à l'Image Saint Loüis.

Histoire de Bretagne, composée sur les Titres & les Auteurs originaux, *par Dom Guy Alexis Lobineau, Benedictin de la Congregation de S. Maur*, avec les Preuves; & enrichie de Portraits, de Tombeaux, de Sceaux, & autres Monumens gravez en taille-douce, *fol. 2. vol.* 1707. 60. l.

Dictionaire pratique du bon Menager de Campagne & de Ville, qui apprend generalement la maniere de nourrir, élever & gouverner, tant en santé que malades, toutes sortes de Bestiaux, Chevaux & Volailles; de sçavoir mettre à son profit tout ce qui provient de l'Agriculture; de faire valoir toutes sortes de Terres, Prez, Vignes & Bois; de cultiver les Jardins, tant Fruitiers, Potagers, que Jardins Fleuristes; de conduire les Eaux, & faire generalement tout ce qui convient aux Jardins d'Ornemens: Avec un Traité de tout ce qui concerne la Cuisine, les Confitures, la Pâtisserie, les Liqueurs de toutes sortes; les Chasses differentes, la Pêche, & autres divertissemens de la Campagne; les mots Latins de tout ce qu'on traite dans ce Livre, & quelques Remarques curieuses sur la plûpart; le tout en faveur des Etrangers, & de tous ceux qui se plaisent à ces sortes de lectures. Ouvrage tres-utile dans les Familles. Par le Sieur *Loüis Liger*, in 4. 2. *vol.* 10. l.

Histoire Genealogique & Chronologique de la Maison Royale de France, & des Grands Officiers de la Couronne, *par le P. Anselme*, revûë, corrigée & continuée jusques à present; avec les Genealogies de Messieurs les Chevaliers de l'Ordre du S. Esprit, *fol. 2. volumes*, 40. l.

Estius in Paulum, in fol. 2. vol. 20. l.

Fromondius in sacram Scripturam, fol. 15. l.

Numismata Ærea Imperatorum, Augustarum & Cæsarum in Coloniis, municipiis, & urbibus, iure latio donatis, ex omni modulo percussa. Auctore Joanne Foy-Vaillant Bellovaco, Doctore Medico, & Serenissimi Ducis Cenomanensium Antiquario Parisiis excusa, in fol. 2. vol. 36. l.

Vies des Saints, *par Ribadaneira, fol. 2. vol.* papier fin, 15. l.

——— De papier Champy, 2. *vol.* 12. l.

Les Loix Civiles dans leur ordre naturel, *fol. 2. vol.* 20. liv.

——— Les mêmes, *in 4. 6. vol.* 36. l.

L'Art de Tourner, ou de faire en perfection toutes sortes d'Ouvrages au Tour: ouvrage tres-curieux & tres-necessaire à ceux qui s'exercent au Tour, Latin & François, *fol.* 15. l.

Antiquitates Romanæ & Græcæ, fol. 33. vol. 1600. l.

Les Oeuvres de Maître *Gui Coquille*, Sieur de Romanci, 1703. 2. *vol.* 20. l.

Traité de la Police où l'on trouvera l'histoire de son établissement, les fonctions & les prérogatives de ses Magistrats, toutes les Loix & tous les Reglemens qui la concernent. On y a joint une description Topographique de Paris & huit plans gravez qui representent son ancien état & ses divers accroissemens; avec un Recüeil de tous les Statuts & Reglemens des six Corps des Marchands & de toutes les Communautez des Arts & Métiers, *fol. 2. vol.* 45. l.

Les Oeuvres de M. de la Mothe le Vayer, *in 12. 15. vol.* 36. l.

Oeuvres de M. de Varillas, contenant les Regnes des Rois, *in 4. 15. vol.* 100. l.

Le Diable Boiteux, *in 12.* 2. l.

Les conseils de la Sagesse, contenant les Maximes de Salomon les plus necessaires à l'homme pour se bien conduire soi-même, *in 12. 2. vol.* 1714. 4. l. 10. s.

Amusemens serieux & comiques, par Mr du Fresny, *in 12.* 1. l. 10. s.

Les Oeuvres *de Clement Marot de Cahors, Valet de Chambre du Roy*, revûës & augmentées de nouveau, 1702. *in 12.* 2. *vol.* 6. l.

Histoire de l'admirable Dom Quichotte de la Manche, *in 12. 6. vol. avec figures*, nouvelle Edition, continuée jusque sa mort. 15. l.

La Vie de Guzman d'Alfarache, traduit de l'Espagnol, enrichie de figures, *in 12. 3. vol.* 7. l 10 s.

Oeuvres mêlées *de M de Saint Evremond*, nouvelle Edition augmentée sur celle de Londres, *in 12. 7. vol.* 15 l.

Lucien de la Traduction *de M. d'Ablan-*

court, avec des Remarques sur la Traduction, *in 12. 3. vol.* 6. l.

Traduction des Satyres de Perse & de Juvenal, *par le R. P. Tarteron de la Compagnie de* Jesus, nouvelle Edition, corrigée & augmentée, 1714. 2. l. 10. s.

Fables choisies, mises en Vers *par M. de la Fontaine*, enrichies de figures, *in 12.* 5. vol. 10. l.

Les mêmes en un Volume, 3. l.

Histoire de la conquête du Mexique, ou de la Nouvelle Espagne, *par Fernand Cortez*, traduite de l'Espagnol, *in 12. 2. vol.* nouvelle Edition, avec figures. 5. l.

Histoire de la découverte & de la conquête du Perou, traduit de l'Espagnol, *in 12. 2. vol.* avec figures. 4. l. 10. s.

Les Delices de l'Italie, contenant une description exacte du Pays, des principales Villes, de toutes les antiquitez, & de toutes les raretez qui s'y trouvent; Ouvrage enrichi d'un tres-grand nombre de figures, *in 12. 4. vol.* 12. l.

Instructions pour les Jardins fruitiers & potagers, avec un Traité des Orangers, *Par M. de la Quintinie*, *in 4. 2. vol.* 15. l.

La Princesse de Clèves, *in 12. 2. vol.* 3. l.

Nouvelle de Miguel de Cervante, 2. liv.

Traité du Poëme Epique, *par le R. P. le Bossu, Chanoine Regulier de Sainte Geneviéve*, nouvelle Edition, revûë & corrigée, *in 12.* 2. l. 10. s.

Les Oeuvres de Lucrece, Traduct. nouvelle, augmentée de nouvelles remarques *du Baron des Coûtures*, *in 12. 2. vol.* 5. l.

Traité historique des Monnoyes de France, *par M. le Blanc*, in 4. avec des figures, contenant les emprerintes des differentes Monnoyes, 9. l.

Les Oeuvres de *M. Pavillon*, de l'Académie Françoise, *in 12.* 3. l.

Lettres choisies *de M. Guy Patin*, *in 12. 3. vol.* 7. l. 10. s.

De la veritable Religion, avec la connoissance de soi-même, *par Abbadie*, in 12. 4. vol. 6. l.

Les Oeuvres de Virgile en Latin & en François, *par M. de Martignac*, *3. vol in 12.* nouvelle Edition, 6. l.

La Cour Sainte, *par le R. P. Nicolas Caussin, de la Compagnie de Jesus*, in folio, 2. vol. 18. l.

——— La même, *in 8. 6. vol.* 18. l.

Traduction nouvelle des Odes d'Anacreon, *par M. de la Fosse*, seconde édition, augmentée de deux Odes, l'une de Pindare & l'autre d'Horace, *in 12.* 2. l. 10. s.

Nouvelle Grammaire Espagnole, *par M. Perger*, *in 12.* 2. l. 5. s.

Traduction nouvelle *de Justin*, avec des Remarques, *in 12. 2. vol.* 5. l.

Voyage d'Alep à Jerusalem, *in 12.* 2. l.

Traité de la Noblesse, *par M. de la Roque*, *in 4.* 1710. 7. l.

Nouvelle & parfaite Grammaire pour apprendre la langue Françoise, *du Pere Chifflet*, avec un Abregé d'Ortographe, *in 12.* 1. l. 10. s.

Novum Testamentum Græcum, in 18. 1. l. 16. s.

L'Esprit de l'Ecriture Sainte, *in 12. 2. vol.* 3. l. 10. s.

Le Comte de Cardonne, *in 12.* 1. l. 16. s.

Les Avantures galantes du Chevalier de Thenicourt, *par Madame D... in 12.* 1. l. 16. s.

Le Jeu de l'Hombre, augmenté des Décisions nouvelles, & des Regles sur les incidens de ce Jeu, *in 12.* 1. l. 10. s.

La Vie de M. de Moliere, *in 12.* 2. l.

Histoire de la Virginie, contenant celle de son établissement & de son gouvernement jusqu'à present, les productions naturelles du Pays, la Religion, les Loix & les Coutumes des Indiens naturels, *par un Auteur natif & habitant de ce pays-là, in 12.* enrichie de figures en taille-douce, 2. l. 5. s.

Ecole parfaite des Officiers de Bouche, qui enseigne les devoirs du Maître-d'Hôtel & du Sommelier, la maniere de faire les Confitures seches & liquides, les Liqueurs, les Eaux, les Parfums, la Cuisine, à découper les Viandes, & à faire la Pâtisserie; *huitiéme Edition*, corrigée & augmentée des Pâtes nouvelles, & des nouveaux Ragoûts qu'on sert aujourd'hui: Avec des modeles pour dresser les Services de Table, *in 12.* 1715. 2. l. 5. s.

L'Arithmetique *de Legendre*, nouvelle Edition, augmentée de la maniere de compter aux Jettons, *in 12.* 2. l. 10. s.

Toutes les Oeuvres *de feu M. le Noble*, 10 *ou 12. vol. in 12.* sous presse.

Stile du Conseil, *par M. Gauret*, *in 4.* 5. liv.

Code de la Marine, *in 4.* 4. l.

Contes des Fées, ou les Chevaliers Errans, & le Genie Familier, *par M. D... in 12.* 1. l. 15. s.

Traduction en vers François des Epigrammes d'Ovven, *in* 12. 1. l. 10. f.

L'Ambiguë d'Auteüil, ou veritez historiques, composées du Joüeur, du Nouvelliste, du Financier, du Critique, de l'Inconnu, du Sincere, du Subtil, de l'Hypocrite, & de plusieurs autres personnages de differens caracteres, *in* 12. 1. l. 5. f.

Les Avantures d'Apollonius de Tyr, livre rempli d'évenemens, & écrit dans le même stile que Telemaque, *par M. le B....* *in* 12. 2. l.

Le Voyageur Fidele, ou le Guide des Etrangers dans la Ville de Paris; qui enseigne tout ce qu'il y a de plus curieux à voir: les noms des Ruës, des Fauxbourgs, Eglises, Monasteres, Chapelles, Places, Colleges, & autres particularitez que cette Ville renferme; les Adresses pour aller de quartiers en quartiers, & y trouver tout ce qu'on souhaite, tant pour les besoins de la vie, que pour autres choses: Avec une Relation en forme de Voyage, des plus belles Maisons qui sont aux envrions de Paris: le tout pour l'usage & l'utilité des Etrangers, *in* 12. 1. l. 5. f.

Les Voyages *de M. Tavernier*, derniere Editon, revûë & corrigée de quantité de fautes, & augmentée de la Vie & mort de l'Auteur, & d'un Voyage qu'il a fait en Prusse, avec plusieurs planches nouvelles qui n'ont point paru dans les précedentes éditions, le tout dirigé par un ami de l'auteur qui a fait plusieurs Voyages avec lui, *in* 12. *6. vol.* 18. l.

Abregé de Geographie, & de tout ce qu'il y a de plus remarquable dans chaqune des quatre grandes parties de la Terre, particulierement dans l'Europe & dans le Royaume de France: le tout mis en ordre pour pouvoir être appris & retenu facilement par cœur, avec les routes des postes de France & d'Espagne, dedié à S. A. S. Monseigneur le Prince de Dombes, *par M. Poncein*, *in* 12. 1. l. 5. f.

L'Eloge de la Folie, composée en forme de Déclamation *par Erasme de Roterdam*, avec quelques Notes de l'histoire & les belles figures de Holbenius: le tout sur l'original de l'Académie de Bâle; piece qui representant au naturel l'homme tout défiguré par la sotise, lui apprend agreablement à rentrer dans le bon sens, Traduction nouvelle; *par M. Guedeville*, *in* 12. 5. l.

Histoire des sept Sages, *par M. de Larrey*, *in* 12. 5. l.

Lexicon Buxtorfi, in 8. 4. l. 10. f.

Recuëil de bons mots des anciens & des modernes, nouvelle Edition augmentée, 2. l.

THEATRE DE MESSIEURS

Corneille, nouvelle Edition, augmentée & enrichie de figures en taille douce, 10. *vol. in* 12. 25. l.

Racine, 2. *vol.* nouvelle Edition, 6. l.

Campistron, nouvelle Edition, augmentée d'une Tragedie & d'une Comedie, & ornée de figures, 4. l.

De la Fosse, avec ses Poësies, 2. *vol.* 5. l.

Crébillon, 3. l.

Pradon, 3. l.

De la Grange, augmenté d'Ino & Melicerte, Tragedie, 2. l. 10. f.

Moliere, 8. *vol.* nouvelle Edition, augmentée de sa Vie, avec de nouvelles Remarques, 15. l.

Dancourt, 8. *vol.* nouvelle Edition, augmentée de plusieurs Pieces qui n'avoient point été imprimées dans les Editions précedentes, avec figures & musique, 15. l.

Regnard, 2. *vol.* 5. l.

Poisson, 3. l.

De la Font, 2. l.

De Hauteroche, 2. l. 10. f.

De Legrand, 2. l. 10. f.

Palaprat, seconde Edition, augmentée de plusieurs Comedies qui n'ont pas encore été imprimées, & d'un Recueil de Pieces en Vers, 2. *vol.* 5. l.

Baron, 3. l.

De Riviere, 2. l. 10. f.

Boindin, 2. l.

De Champ-Mêlé, 2. l.

De Montfleury, 2. *vol.* 5. l.

Boursault, 2. *vol.* 5. l.

De Mademoiselle Barbier, 2. l. 10. f.

Quinault, nouvelle Edition, augmentée d'un abregé de sa Vie, d'une Dissertation sur ses Ouvrages, & de l'origine de l'Opera, & de ses Opera, *in* 12. 5. *vol.* ornez de figures, 12. l. 10. f.

Theatre François, ou Recuëil des meilleures pieces de Theatre des anciens Auteurs, *in* 12. 3. *vol.* 7. l. 10. f.

Theatre Lyrique avec une Préface où l'on traite du Poëme de l'Opera, & la Réponse à une Epître Satyrique contre ce spectacle, *par M. le Br. in* 12. 2. l.

Pieces nouvelles & séparées.

Mahomet II. } Tragedies.
Idomenée. }
Atrée. }
Electre. }

Caton d'Utique.
Absalon.
Cyrus.
Geta.
Les Tyndarydes.
Saül.
Médée.
Herode.
Ino & Melicerte.
Polydore.
La mort d'Ulysse.
Mustapha.
Jonathas.
Habis.
Agrippa, ou le faux Tiberinus.

} *Tragedies.*

Le Curieux Impertinent.
Les Agioteurs.
L'Amour Charlatan.
Le Naufrage.
Danaé.
Turcaret.
Crispin Rival.
Le Jaloux desabusé.
Les Métamorphoses.
L'Amour vangé.
Esope à la Ville.
L'Usurier Gentilhomme
Esope à la Cour.
Les Fêtes du Cours,
Le Verd Galant.
Sancho Pansa Gouverneur.
La Devineresse.
L'Impromptu de Suresne.
Les trois Freres Rivaux.
La Coquette de Village, ou le Lot suposé.

} *Comedies.*

Les Airs notez des Comedies Françoises, *par M. Gilliers*, *in* 4. 9. l.
Telephe, Opera, noté, 7. l. 10. s.
Medée, noté, 8. liv.
Les Plaisirs de la Paix, noté, 8. l.

Medée.
Les Amours déguisez.
Arion.
Telephe.
Armide.
Les Fêtes de Thalie.
Telemaque.
Proserpine.
Les Plaisirs de la Paix.
Zephire & Flore.
Theonoé,

} *Opera en paroles.*

Le quatriéme Livre des Motets *de M. Campra*, 5. l.
Recuëil de Pieces en Vers, adressées à S. A. S. Monseigneur le Duc de Vendôme, & plusieurs Essais de Poësies diverses, *par M. de Palaprat*, *in* 12. 1. l.

Et toutes les autres Pieces de Theatre tant anciennes que nouvelles.
Tous les Opera.
Le Theatre de l'Amour & de la Fortune, par Mad. *Barbier*, in 12. 2. *vol.* 4. l.
Le Munitionaire des Armées de France, qui enseigne à fournir les Vivres aux Troupes avec toute l'œconomie possible, *par M. Nodot*, *in* 8. 3. l. 10. s.
La Connoissance parfaite des Chevaux, contenant la maniere de les gouverner, nourrir & entretenir en bon corps, & de les conserver en santé dans les voyages; avec un détail general de toutes leurs maladies, des signes & des causes d'où elles proviennent, des moyens de les prévenir, & de les en guerir par des remedes experimentez depuis longtems, & à la portée de tout le monde. Joint à une nouvelle instruction sur le Haras, bien plus étenduë que celles qui ont paru jusqu'à present, afin d'élever de beaux Poulains pour toutes sortes d'usages. On trouve aussi dans ce Livre l'Art de monter à Cheval, & de dresser les Chevaux de Manége, tirée des meilleurs Auteurs qui en ont écrit. Le tout enrichi de figures en taille douce, *in* 8. 3. l. 10. s.
Lettre à M. de ..... sur l'origine des anciens Rois ou Dieux d'Egypte; qui explique ce qui a donné lieu aux Fables des Dieux de l'Antiquité, brochure *in* 12. 1. l.
La Rivale travestie, *in* 12. 2. l.
Nouveau Recueil des plus beaux Secrets de Medecine pour la guérison de toutes sortes de maladies, blessures & autres accidents qui surviennent au corps humain, & la maniere de préparer facilement dans les Familles, les remedes & les médicaments qui y sont necessaires, avec un Traité des plus excellents préservatifs, contre la peste, fiévres pestilentielles, pourpre, petites veroles, & toutes sortes de maladies contagieuses, donnez par une personne charitable, augmentez des veritables Secrets naturels de *M. Lemery*, qui regardent la nature & l'art, avec d'autres Secrets fort curieux, & tirez de ce qu'il y a de meilleurs Auteurs en ce genre. 2. *vol. in* 12. 5. l.
Histoire de Gilblas de Sintillanne, par *M. le Sage*. 2. édition, 2. *vol. in* 12. ornée de Figures. 5. l.
L'Imitation de JESUS-CHRIST, *par M. Corneille*, in 12. orné de figures, 3. liv.

www.ingramcontent.com/pod-product-compliance
Ingram Content Group UK Ltd.
Pitfield, Milton Keynes, MK11 3LW, UK
UKHW031930260826
14628UKWH00004B/1540